LA
LOI DE HAMMOURABI

(VERS 2000 AV. J.-C.)

PAR

V. SCHEIL

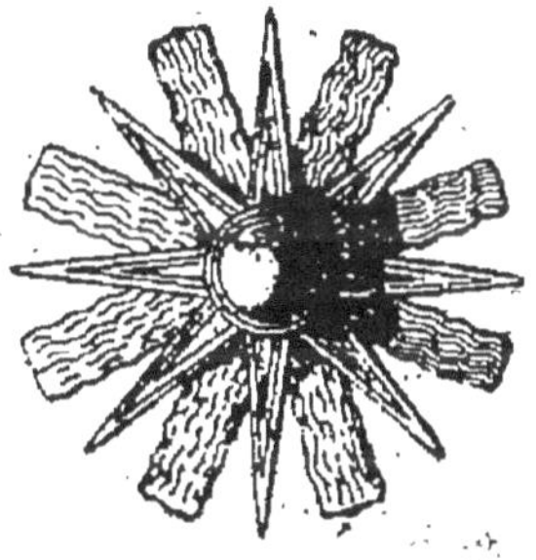

PARIS

ERNEST LEROUX, ÉDITEUR

28, RUE BONAPARTE, 28

1904

LA LOI DE HAMMOURABI

(VERS 2000 AV. J.-C.)

LA
LOI DE HAMMOURABI

(VERS 2000 AV. J.-C.)

PAR

V. SCHEIL

PARIS

ERNEST LEROUX, ÉDITEUR

28, RUE BONAPARTE, 28

—

1904

LETTRE A L'ÉDITEUR

—

Monsieur,

Ensemble, l'an passé, nous avons publié avec nos noms en grosses lettres, dans un gros ouvrage, *Le Code des Lois de Ḥammou-rabi*, découvert à Suse par M. de Morgan, déchiffré par votre serviteur.

De longtemps, le marché littéraire n'avait exposé un livre plus digne d'intéresser le monde savant par ce qu'il nous révélait sur l'état de la société, il y a quatre mille ans. Il n'est homme si peu clerc qui n'en ait ouï parler, et qui n'eût voulu le connaître.

Vous me mandiez cependant, Monsieur, à Suse où je passai l'hiver dernier dans les ruines, que pour une diffusion plus large de cet admirable document, il vous fallait, sans tarder, un léger opuscule, quelques feuilles volantes où nos Lois parussent en simple texte français, dans leur expression la plus claire et la plus nette.

C'est de la sorte, dites-vous, qu'on a agi en Allemagne, en Angleterre, etc. Là, plusieurs éditions populaires de ce Code furent lancées d'après notre publication, et sont exploitées par cent auteurs, juristes, théologiens-exégètes, historiens, etc., qui, d'ailleurs, ajoutez-vous, « se taisent de votre nom ».

Il est vrai, Monsieur, que, par tel moyen, la diffusion de ce document a été grande à l'étranger, singulièrement en Allemagne où de savoir s'il favorisait peu ou prou le Biblisme, passionnait les esprits au moins autant que sa valeur spécifique intrinsèque.

Sans trouver chez nous le même engouement, vous compterez encore, que je ne me trompe, assez de moralistes, juristes, historiens, etc., qui vous béniront de leur donner, à bon marché, dans un livret court et substantiel, une des plus belles découvertes qui aient été faites en Orient, depuis qu'on y interroge des ruines.

Quant à l'autre point, souffrez que j'en touche, après vous, discrètement un mot.

Les auteurs de traductions parues hors de France, assyriologues eux-mêmes, et au courant de ce qu'est un tel travail, ne se font faute de rendre justice, le plus honnêtement du monde, au premier interprète. En retour, je n'ai garde de me plaindre qu'ils s'efforcent, par la discussion de quelques paragraphes obscurs (un Code latin de Jules César aurait ses paragraphes obscurs), de mériter une part de l'honneur d'un premier déchiffrement. Le reste, ou ceux qui étudient de seconde main, citent naturellement la traduction qui est à leur portée, et ne sauraient songer à frustrer qui que ce soit.

Agréez, Monsieur, etc.

V. Scheil.

Paris, août 1903.

Le bloc de diorite qui porte le texte du Code a été découvert, partie en décembre 1901, partie en janvier 1902, par M. de Morgan, dans ses fouilles de Suse. Il mesure $2^m,25$ en hauteur, et $1^m,90$ de pourtour à la base. Gravé par Hammourabi, roi de Babylone, vers 2000 av. J.-C., pour le temple de Sippar (actuellement ruine de Abou Habba, près Bagdad), ce chef-d'œuvre de la pensée humaine fut enlevé comme trophée vers 1120 av. J.-C. par le roi élamite Šoutrouk-Nahhounte, et transporté dans sa capitale.

La planche ci-jointe figure le sommet du monument. On y voit Hammourabi recevant du dieu Soleil les présentes Lois.

A partir du § 65, une quarantaine de lois ont été radiées; j'ai pu en restituer trois (§ a, § b, § c), avec des fragments de tablettes portant des copies du Code. Ces débris précieux avaient été trouvés à Ninive, et sont conservés au Musée Britannique.

1.

CODE DES LOIS DE HAMMOURABI

ROI DE BABYLONE (VERS 2000 AVANT J.-C.)

§ 1.

Si un homme a lié un autre homme, et a jeté sur lui un maléfice, et ne l'a pas convaincu (de tort en justice), celui qui l'a lié est passible de mort.

§ 2.

Si un homme a jeté un sort sur un autre homme, et ne l'a pas convaincu (de tort en justice), celui sur qui le sort a été jeté ira au fleuve, et se plongera dans le fleuve ; si le fleuve s'empare de lui, celui qui l'a lié prendra sa maison ; si le fleuve l'innocente et le garde sauf, celui qui a jeté sur lui un sort est passible de mort ; celui qui s'est plongé dans le fleuve prendra la maison de celui qui l'avait lié.

§ 3.

Si un homme, dans un procès, s'est levé pour un témoignage à charge, et s'il n'a pas justifié le propos qu'il a tenu, si cette cause est une cause de vie (ou de mort), cet homme est passible de mort.

§ 4.

S'il s'est levé pour un (tel) témoignage (en matière de) blé ou d'argent, il portera la peine de ce procès.

§ 5.

Si un juge a rendu une sentence, formulé une décision, libellé une tablette, si ensuite il a annulé cette sentence, on fera comparaître ce juge pour l'annulation de la sentence qu'il avait rendue, et la revendication de ce procès, il l'acquittera douze fois, et publiquement on l'expulsera de son siège de justice, il n'y retournera plus, et ne siègera plus avec un juge dans un procès.

§ 6.

Si un homme a volé le trésor du dieu ou du palais, cet homme est passible de mort, et celui qui aurait reçu de sa main l'objet volé est passible de mort.

§ 7.

Si un homme a acheté ou reçu en dépôt, sans témoins ni contrat, de l'or, de l'argent, esclave mâle ou femelle, bœuf ou mouton, âne ou quoi que ce soit, des mains d'un fils d'autrui ou d'un esclave d'autrui, cet homme est assimilable à un voleur et passible de mort.

§ 8.

Si un homme a volé un bœuf, mouton, âne, porc ou une barque, si c'est au dieu ou au palais, il rendra au trentuple ; si c'est à un *mouchkinou,* il compensera au décuple. Si le voleur n'a pas de quoi rendre, il est passible de mort.

§ 9.

Si un homme ayant perdu un objet le retrouve entre les mains d'un autre, si celui chez qui l'objet perdu[1] est trouvé dit : Un vendeur me l'a vendu et je l'ai acheté devant témoins ; et si le maître de l'objet perdu dit : J'amènerai des témoins qui reconnaîtront mon objet perdu, — l'acheteur amènera le vendeur qui lui a transmis l'objet, et les témoins en présence de qui il a acheté ; — le propriétaire de l'objet perdu amènera les témoins connaissant son objet perdu ; le juge examinera leurs dires. Les témoins devant qui l'achat a été fait, les témoins connaissant l'objet perdu diront devant Dieu ce qu'ils savent. Le vendeur sera assimilé à un voleur et passible de mort. Le propriétaire de l'objet perdu reprendra son objet perdu ; l'acheteur reprendra l'argent qu'il avait payé, sur la maison du vendeur.

1. Par vol ou autrement.

§ 10.

Si l'acheteur n'a pas amené le vendeur qui lui a livré, et les témoins devant qui il a acheté, alors que la propriétaire de l'objet perdu a amené les témoins connaissant son objet perdu, l'acheteur est assimilé au voleur et passible de mort. Le propriétaire de l'objet perdu reprendra son objet perdu.

§ 11.

Si c'est le propriétaire (prétendu) de l'objet perdu qui n'a pas amené les témoins connaissant son objet perdu, il est de mauvaise foi, a suscité la calomnie et est passible de mort.

§ 12.

Si le vendeur est mort, l'acheteur prendra au quintuple sur la maison du vendeur, ce qu'il a le droit de réclamer dans ce procès.

§ 13.

Si les témoins de cet homme ne sont pas à proximité, le juge fixera un délai jusqu'au sixième mois. Si pour le sixième mois, il n'a pas amené ses témoins, cet homme est de mauvaise foi, et portera la peine de ce procès.

§ 14.

Si un homme s'est emparé par vol du fils d'un homme, en bas-âge, il est passible de mort.

§ 15.

Si un homme a fait sortir des portes un esclave ou une esclave du palais, un esclave ou une esclave d'un *mouchkinou*, il est passible de mort.

§ 16.

Si un homme a abrité chez lui un esclave ou une esclave en fuite du palais ou de chez un *mouchki- nou*, et si, sur la voix du majordome, il ne le fait pas sortir, le maître de maison est passible de mort.

§ 17.

Si un homme s'est emparé dans les champs d'un esclave ou d'une esclave en fuite, et l'a remené à son maître, celui-ci lui donnera deux sicles d'argent.

§ 18.

Si cet esclave refuse de nommer son maître, il devra l'amener au palais, son secret (y) sera pénétré, et à son maître on le rendra.

§ 19.

S'il a gardé cet esclave dans sa maison, et si par la suite, l'esclave est surpris chez lui, cet homme est passible de mort.

§ 20.

Si l'esclave périt chez celui qui l'a attrapé, cet

homme en jurera par le nom de Dieu au propriétaire de l'esclave, et il sera quitte.

§ 21.

Si un homme a perforé une maison, on le tuera et enterrera en face de cette brèche.

§ 22.

Si un homme a exercé le brigandage, et a été pris, cet homme est passible de mort.

§ 23.

Si le brigand n'a pas été pris, l'homme dépouillé poursuivra devant Dieu ce qu'il a perdu, et la ville et le *cheikh* sur le territoire et les limites desquels le brigandage fut commis, lui restitueront tout ce qu'il a perdu.

§ 24.

S'il s'agit de personnes, la ville et le *cheikh* payeront une mine d'argent pour ses gens.

§ 25.

Si le feu a éclaté dans la maison d'un homme et si quelqu'un y est allé pour éteindre, et si, levant les yeux sur le bien du maître de la maison, il a pris le bien du maître de la maison, celui-là sera jeté dans le même feu.

§ 26.

Si un officier ou un homme d'armes ayant reçu ordre de marcher dans une expédition royale, n'a pas marché, lors même qu'il aurait engagé un mercenaire et que son remplaçant y serait allé, cet officier ou cet homme d'armes est passible de mort, son remplaçant prendra sa maison.

§ 27.

Si d'un officier ou homme d'armes qui est rappelé dans les forteresses royales, on a donné, après lui, ses champ et jardin à un autre qui en exerce la gestion, — lorsqu'il reviendra et aura regagné sa ville, on lui rendra ses champ et jardin, et lui-même en exercera la gestion.

§ 28.

Si d'un officier ou homme d'armes qui est rappelé dans les forteresses royales, un fils peut exercer la gestion, on donnera à celui-ci champ et jardin, et il exercera la gestion pour son père.

§ 29.

Si son fils est en bas âge, et s'il ne peut gérer pour son père, il sera donné un tiers des champ et jardin à sa mère, et sa mère l'élèvera.

§ 30.

Si l'officier ou l'homme d'armes, dès l'origine de sa gestion, a négligé et abandonné ses champ, jar-

din et maison, et si un autre, après lui, a soigné ses
champ, jardin et maison, et durant trois ans a
exercé sa gestion, lorsqu'il reviendra et demandera
ses champ, jardin, maison, l'autre ne les lui cèdera
pas ; celui qui les a soignés et a exercé sa gestion,
celui-là continuera à exploiter.

§ 31.

Si, pendant un an seulement, il a laissé inex-
ploité, et s'il revient, l'autre lui rendra ses champ,
verger, maison, et lui-même reprendra la gestion.

§ 32.

Si un officier ou homme d'armes ayant été rappelé au service, dans une entreprise du roi, un
négociant a payé sa rançon et lui a fait regagner
sa ville ; s'il a dans sa maison de quoi fournir la
rançon, il se libérera lui-même (près du négociant);
si chez lui il n'y a pas de quoi se libérer, il sera
libéré dans le temple de sa ville ; et si dans le temple de sa ville il n'y a pas de quoi le libérer, le
palais le libérera ; ni son champ, ni son jardin, ni
sa maison ne peuvent être cédés pour sa rançon.

§ 33.

Si soit un gouverneur, soit un préfet a possédé
des troupes...(?)et si dans le service du roi il a
accepté et envoyé un mercenaire substitué, ce
gouverneur ou ce préfet est passible de mort.

§ 34.

Si, soit un gouverneur, soit un préfet, s'est emparé du bien d'un officier, a causé du dommage à
un officier, a prêté en location un officier, a livré
au tribunal un officier entre les mains d'un (plus)
puissant, a ravi le cadeau que le roi a donné à l'officier, ce gouverneur et ce préfet sont passibles de
mort.

§ 35.

Si un homme a acheté des mains de l'officier
bœufs ou moutons que le roi a donnés à l'officier,
il est frustré de son argent.

§ 36.

Champ, jardin, maison d'un officier, homme
d'armes, ou fieffé à tribut, ne peuvent être vendus.

§ 37.

Si un homme a acheté champ, jardin, maison
d'un officier, homme d'armes ou fieffé à tribut, sa
tablette sera brisée, et il sera frustré de son argent;
champ, jardin, maison retournera à son propriétaire.

§ 38.

Officier, homme d'armes et fieffé à tribut ne peut
rien transmettre par écrit à sa femme ou à sa fille,
des champ, jardin, maison de sa gestion, ni donner
contre une dette.

§ 39.

D'un champ, jardin, maison qu'il a acheté et qu'il possède (en propre), il peut transmettre par écrit. à sa femme, à sa fille, et donner contre une dette.

§ 40.

Pour (la garantie d')un négociant ou une obligation étrangère, il peut vendre ses (propres) champ, jardin, maison ; l'acheteur peut exploiter les champ, jardin, maison qu'il a achetés.

§ 41.

Si un homme a enclos les champ, jardin, maison d'un officier, homme d'armes ou fieffé à tribut, et a fourni les piquets, l'officier, homme d'armes, fieffé à tribut rentreront dans leur champ, jardin, maison, et payeront(?) les piquets à eux fournis.

§ 42.

Si un homme a pris à ferme un champ pour le cultiver, et si dans ce champ, il n'a pas fait pousser de blé, on le convaincra de n'avoir pas travaillé le champ, et il donnera au propriétaire du champ, selon le rendement du voisin.

§ 43.

S'il n'a pas cultivé le champ et l'a laissé en friche, il donnera du blé au propriétaire selon le rendement du voisin, et le champ qu'il a laissé en friche, il le rompra en terre cultivée, l'ensemencera et le rendra au propriétaire.

§ 44.

Si un homme a pris à ferme pour trois ans une terre inculte pour l'ouvrir, s'il s'est reposé et n'a pas ouvert la terre; — la quatrième année il devra la rompre en champ labouré, louer et ensemencer et rendre au propriétaire, et lui mesurer 10 *gour* de blé par 10 *gan* de superficie.

§ 45.

Si un homme a affermé son champ à un laboureur pour un revenu, et s'il a déjà reçu ce revenu, quand ensuite un orage inonde le champ et emporte la moisson, le dommage est pour le laboureur.

§ 46.

S'il n'a pas reçu le revenu de son champ, et s'il avait affermé pour moitié ou tiers, propriétaire et laboureur partageront proportionnellement le blé qui se trouvera dans le champ.

§ 47.

Si le laboureur, parce que dans la première année sa ferme n'est pas encore montée, a chargé un autre de labourer le champ, le propriétaire ne molestera pas (pour cela) son laboureur; son champ a été labouré, et, lors de la moisson, il prendra du blé, selon ses conventions.

§ 48.

Si un homme a été tenu par une obligation productive d'intérêt, et si l'orage a inondé son champ et emporté la moisson, ou si faute d'eau, le blé n'a pas poussé dans le champ — dans cette année, il ne rendra pas de blé au créancier, trempera dans l'eau sa tablette, et ne donnera pas l'intérêt de cette année.

§ 49.

Si un homme a emprunté de l'argent d'un négociant, et a donné au négociant un champ cultivable en blé ou sésame en disant : cultive le champ, récolte et prends blé ou sésame qui s'y trouveront! quand le cultivateur aura fait venir blé ou sésame dans le champ, lors de la moisson, le propriétaire du champ prendra blé ou sésame qui s'y trouveront, et donnera au négociant du blé pour l'argent avec les intérêts qu'il a pris du négociant, et la ferme de culture.

§ 50.

S'il s'agit d'un champ de blé cultivé ou d'un champ de sésame cultivé qu'il a donné au négociant, le maître du champ prendra le blé ou sésame qui se trouve dans le champ, et rendra argent avec intérêts au négociant.

§ 51.

S'il n'a pas d'argent pour restituer, il donnera

au négociant du sésame, selon le tarif du roi, pour la valeur de son argent avec intérêts, emprunté au négociant.

§ 52.

Si le cultivateur n'a pas fait venir dans le champ blé ou sésame, il (l'emprunteur) n'annule pas (pour cela) ses obligations.

§ 53.

Si un homme, négligeant à fortifier sa digue, n'a pas fortifié sa digue, et si une brèche s'est produite dans sa digue, et si le canton a été inondé d'eau, l'homme sur la digue de qui une brèche s'est ouverte, restituera le blé qu'il a détruit.

§ 54.

S'il ne peut restituer du blé, on vendra sa personne et son avoir pour de l'argent, et les gens des cantons dont l'eau a emporté le blé se partageront.

§ 55.

Si un homme a ouvert sa rigole pour irriguer, puis a été négligent, si le champ limitrophe est inondé d'eau, il mesurera du blé selon le rendement du voisin.

§ 56.

Si un homme a ouvert la voie d'eau, et si la plantation du champ voisin est inondée, il mesurera 10 *gour* de blé, par 10 *gan* de superficie.

§ 57.

Si un berger ne s'est pas entendu avec le propriétaire d'un champ, pour y faire paître l'herbe à ses moutons, et à l'insu du propriétaire a fait paître le champ à ses moutons, le propriétaire fera la moisson de ses champs, et le berger qui à l'insu du propriétaire a fait paître le champ à ses moutons, donnera en surplus au propriétaire, 20 *gour* de blé par 10 *gan* de superficie.

§ 58.

Si après que les moutons sont sortis du canton, et que le bétail en entier s'est remisé sous les portes, un berger a conduit ses moutons sur un champ, et a fait paître le champ à ses moutons, le berger gardera le champ qu'il a fourragé, et lors de la moisson, il mesurera au propriétaire 60 *gour* de blé par 10 *gan*.

§ 59.

Si un homme, à l'insu du maître d'un verger, a coupé un arbre dans le jardin d'un autre, il payera une demi-mine d'argent.

§ 60.

Si un homme a donné à un jardinier un champ pour être aménagé en verger, si le jardinier plante le verger, et le soigne pendant quatre ans — la cinquième année, propriétaire du verger et jardi-

nier partageront à parts égales; le maître du verger déterminera la part qu'il prendra.

§ 61.

Si un jardinier, dans la plantation d'un champ
ou verger, n'a pas tout planté, mais a laissé une
partie inculte, on la lui mettra dans sa portion.

§ 62.

S'il n'a pas planté en verger le champ qui lui
avait été confié (pour cela), et s'il s'agit d'un champ
à céréales, le jardinier mesurera au propriétaire
du champ, selon le rendement du voisin, le rapport du champ pour les années où il a été négligé;
puis il façonnera le champ à travailler, et le restituera au propriétaire.

§ 63.

S'il s'agit d'une terre inculte, il façonnera le
champ à travailler, et le rendra au propriétaire.
Pour chaque année, il mesurera 10 *gour* de blé pour
10 *gan* de superficie.

§ 64.

Si un homme a donné son verger à exploiter à
un jardinier, pendant que celui-ci soigne le verger, il donnera au propriétaire deux tiers du rapport du verger, et prendra lui-même un tiers.

§ 65.

Si le jardinier n'a pas exploité le verger, et a causé une diminution de rapport, le jardinier mesurera au propriétaire, selon le rendement du voisin.

§ a.

Si un homme a emprunté de l'argent d'un négociant, et a donné au négociant son jardin de dattiers en disant : prends pour ton argent, les dattes qui se trouvent dans mon jardin! si ce négociant n'est pas consentant, le propriétaire du jardin prendra les dattes qui se trouvent dans le verger, et, selon la teneur de sa tablette, payera au négociant argent et intérêts. Le surplus des dattes qui se trouvent dans le jardin, le propriétaire les prendra.

§ b.

... Si un locataire de maison a payé au propriétaire l'argent du loyer complet de l'année, et si le propriétaire avant la fin du terme ordonne de sortir au locataire, parce que le locataire est sorti de la maison, avant que les jours du bail fussent terminés, le propriétaire lui rendra... sur l'argent que le locataire lui avait donné.

§ c.

Si un homme s'est engagé à payer en blé ou en argent, et si pour s'acquitter, il n'a ni blé ni argent, mais d'autre bien, il donnera devant témoins au négociant quoi qu'il possède, selon ce qu'il doit fournir, et le négociant ne chicanera pas, mais acceptera.

§ 100.

...Le commis marquera les intérêts de l'argent autant qu'il en a emporté, et il comptera ses jours, et payera le négociant.

§ 101.

Si là où il est allé, il n'a pas trouvé de profit, il égalera en quantité l'argent qu'il a pris, et le commis le rendra au négociant.

§ 102.

Si un négociant a donné de l'argent à un commis à titre gracieux, et si celui-ci, dans l'endroit où il est allé, a éprouvé du détriment, il rendra le capital de l'argent au négociant.

§ 103.

Si en route, pendant son excursion, l'ennemi lui a fait perdre ce qu'il portait, le commis en jurera par le nom de Dieu, et il sera quitte.

§ 104.

Si un négociant a confié à un commis blé, laine, huile, ou toute autre denrée, pour le trafic, le commis inscrira l'argent et le rendra au négociant.

Le commis prendra un signé (*ou* reconnaissance) de l'argent qu'il a donné au négociant.

.§ 105.

Si le commis a fait erreur et n'a pas pris un signé (*ou* reconnaissance) de l'argent qu'il a donné au négociant, l'argent non signé (sans reconnaissance) ne peut être porté à l'actif (du commis).

§ 106.

Si un commis, ayant pris de l'argent d'un négociant, conteste avec le négociant, celui-ci fera comparaître le commis devant Dieu et témoins, pour l'argent qu'il a pris, et le commis payera au triple tout l'argent qu'il en a pris.

§ 107.

Si le négociant a fait tort au commis, si celui-ci avait rendu à son négociant ce que le négociant lui avait donné, si le négociant donc conteste au sujet de ce que le commis lui a donné, ce commis fera comparaître le négociant devant Dieu et témoins, et pour avoir contesté avec son commis, il donnera au commis, au sextuple, tout ce qu'il avait pris.

§ 108.

Si une marchande de vin n'a pas accepté du blé comme prix de boisson, mais a reçu de l'argent à gros poids, et a baissé le prix de la boisson au dessous du prix du blé, on fera comparaître cette marchande de vin, et on la jettera dans l'eau.

§ 109.

Si une marchande de vin, quand des rebelles se réunissent dans sa maison, n'a pas saisi et conduit au palais ces rebelles, cette marchande de vin est passible de mort.

§ 110.

Si une prêtresse qui ne demeure pas dans le cloître a ouvert une taverne, ou est entrée dans la taverne pour boire, on brûlera cette femme.

§ 111.

Si une marchande de vin a donné 60 *qa* de boisson *ousakani*, pour la canicule (?), elle prendra, lors de la moisson, 50 *qa* de blé.

§ 112.

Si un homme se trouve en voyage et a remis à un autre argent, or, pierre, ou autres objets de main pour les lui faire transporter; si celui-ci n'a pas livré au lieu où il doit transporter ce qu'il doit y transporter, mais l'a emporté (pour lui) — le propriétaire de l'objet à transporter fera comparaître cet individu, pour n'avoir pas livré ce qu'il avait à transporter, et cet individu donnera, au quintuple, au maître de l'envoi tout ce qui lui avait été confié.

§ 113.

Si un homme a une créance de blé ou d'argent sur un autre, et si à l'insu du maître du blé, dans le grenier ou dans le dépôt il a pris du blé, on fera comparaître cet homme pour avoir pris du blé, à l'insu du maître du blé, dans le grenier ou dans le dépôt; il rendra tout le blé qu'il a pris, et de quoi que ce soit de tout ce qu'il avait prêté, il est frustré.

§ 114.

Si un homme n'a pas eu une créance de blé ou d'argent sur un autre, et néanmoins a exercé contrainte contre lui, pour chaque contrainte, il payera un tiers de mine d'argent.

§ 115.

Si un homme a eu une créance de blé ou d'argent sur un autre, et a exercé contrainte contre lui, si le contraint meurt de mort naturelle dans la maison du contraignant, cette cause ne comporte pas de réclamation.

§ 116.

Si dans la maison de son contraignant, le contraint meurt par suite de coups ou de misère, le maître du contraint fera comparaître son négociant, et si le mort était fils d'homme libre, on tuera son fils, et si le mort était esclave d'homme libre, il payera un tiers de mine d'argent, et de quoi que ce soit de tout ce qu'il avait prêté, il est frustré.

§ 117.

Si une dette a contracté (*sic !*) un homme, et s'il a donné pour de l'argent ses femmes, fils, fille et les a livrés à la sujétion, durant trois ans ils serviront dans la maison de leur acheteur et coacteur, dans la quatrième année, il les remettra en liberté.

§ 118.

S'il a livré à la sujétion un esclave ou une esclave, et si le négociant les fait passer ailleurs en les vendant, il n'y a pas de réclamation possible.

§ 119.

Si une dette a contracté (*sic !*) un homme, et s'il a vendu une de ses esclaves qui lui a donné des enfants, le maître de l'esclave payera au négociant l'argent que celui-ci a payé, et il rachètera son esclave.

§ 120.

Si un homme a versé, pour emmagasinement, son blé dans la maison d'un autre, et si dans le grenier, un déchet s'est produit, soit que le maître de la maison ait ouvert le magasin et ait pris du blé, ou soit qu'il conteste sur la quantité totale du blé qui a été versée chez lui, le propriétaire du blé poursuivra son blé devant Dieu, et le maître de la maison qui a pris du blé le remplacera, et le rendra au propriétaire du blé.

§ 121.

Si un homme a versé du blé dans la maison d'un autre, il donnera par an, comme loyer de magasin, 5 *qa* de blé par *gour*..

§ 122.

Si un homme donne en dépôt à un autre, de l'argent, or, ou tout autre chose, il fera connaître à des témoins ce qu'il donne, il statuera les obligations et donnera en dépôt.

§ 123.

Si, sans témoins ni obligations (statuées), il a donné en dépôt, et si là où il a donné on lui conteste, cette cause ne comporte pas de réclamation.

§ 124.

Si un homme a donné en dépôt devant témoins, à un autre, argent, or, ou toute autre chose, et si celui-ci lui conteste, on fera comparaître cet individu, et il remplacera et donnera tout ce qu'il a contesté.

§ 125.

S un homme a donné une chose en dépôt, et si là où il a donné, soit par effraction soit par escalade, sa chose avec celle du maître de la maison a disparu, le maître de la maison, qui est en faute remplacera tout ce qu'en dépôt on lui avait remis et qu'il a perdu, et dédommagera intégralement le maître des biens. Le maître de la maison recherchera son avoir perdu, et le reprendra sur son voleur.

§ 126.

Si un homme dont la chose n'est pas perdue prétend qu'elle est perdue, exagère son détriment ; s'il poursuit devant Dieu (la réparation de) son détriment, bien que sa chose ne soit pas perdue, — lui-même (le réclamant sans droit), tout ce qu'il a réclamé égalera, et à son propre détriment donnera [1].

§ 127.

Si un homme a fait lever le doigt contre une prêtresse ou la femme d'un autre, sans la convaincre de tort, on jettera cet homme devant le juge, et on marquera son front.

§ 128.

Si un homme a épousé une femme et n'a pas fixé les obligations de cette femme, cette femme n'est pas épouse.

§ 129.

Si la femme d'un homme a été prise au lit avec un autre mâle, on les liera et jettera dans l'eau, à

---

1. Séparer *ubar* de *šuma*. *Šuma* « celui-là » c'est-à-dire : celui qui réclame sans droit, cf. § 125.

moins que le mari ne laisse vivre sa femme, et que le roi ne laisse vivre son serviteur.

§ 130.

Si un homme a violenté la femme d'un homme qui n'a pas encore connu le mâle et demeure encore dans la maison paternelle, s'il a dormi dans son sein, et si on le surprend, cet homme est passible de mort, et cette femme sera relâchée.

§ 131.

Si le mari d'une femme l'a incriminée, et si elle n'a pas été surprise dans la couche avec un autre mâle, elle jurera par le nom de Dieu, et elle retournera à sa maison.

§ 132.

Si à propos d'un autre mâle, le doigt s'est levé contre la femme d'un homme, et si elle n'a pas été surprise avec un autre mâle dans la couche, à cause de son mari, elle se plongera dans le fleuve.

§ 133.

Si un homme a été fait captif, et s'il y a de quoi manger dans sa maison, et si sa femme est sortie de la maison de son époux, est entrée dans une autre maison, parce que cette femme n'a pas gardé son corps, et est entrée dans une autre maison, on la fera comparaître, et on la jettera dans l'eau.

§ 134.

Si un homme a été fait captif, et s'il n'y a pas de quoi manger dans sa maison, et si sa femme est entrée dans une autre maison, cette femme est sans faute.

§ 135.

Si un homme a été fait captif, et s'il n'y a pas dans sa maison de quoi manger, à sa disposition, si sa femme est entrée dans une autre maison, y a enfanté des enfants, et si ensuite son mari est revenu et a regagné sa ville, cette femme retournera avec son époux, les fils suivront leur père (respectif).

§ 136.

Si un homme a abandonné sa ville, s'est enfui, et si, après lui, sa femme est entrée dans une autre maison, si cet homme revient et veut reprendre sa femme, parce qu'il a dédaigné sa ville et s'est enfui, la femme du fugitif ne retournera pas avec son mari.

§ 137.

Si un homme s'est disposé à répudier une concubine qui lui a procuré des enfants ou bien une épouse qui lui a procuré des enfants, il rendra à cette femme son trousseau, et on lui donnera l'usufruit des champ, verger et autre bien, et elle élèvera ses enfants. Après qu'elle aura élevé ses enfants, on lui donnera une part d'enfant de tout ce qui sera donné aux enfants, et elle épousera l'époux de son choix.

§ 138.

Si un homme veut répudier son épouse qui ne lui a pas donné d'enfants, il lui donnera tout l'argent de sa dot, et lui restituera intégralement le trousseau qu'elle a apporté de chez son père, et il la répudiera,

§ 139.

S'il n'y a pas de dot, il lui donnera une mine d'argent pour la répudiation.

§ 140.

Si c'est un *mouchkînou*, il lui donnera un tiers de mine d'argent.

§ 141.

Si l'épouse d'un homme qui demeure chez cet homme, était disposée à sortir, a provoqué la division, a dilapidé sa maison, négligé son mari, on la fera comparaître et si son mari dit : Je la répudie, il la laissera aller son chemin, et ne lui donnera aucun prix de répudiation. Si son mari dit : Je ne la répu-

die pas, son mari peut épouser une autre femme,
et cette première femme demeurera dans la maison
de son mari, comme esclave.

§ 142.

Si une femme a dédaigné son mari et lui a dit :
Tu ne me possèderas pas, son secret sur le tort
qu'elle subit sera examiné, et si elle est ménagère,
sans reproche, et si son mari sort et la néglige
beaucoup, cette femme est sans faute; elle peut
prendre son trousseau et s'en aller dans la maison
de son père.

§ 143.

Si elle n'est pas ménagère, mais coureuse, si
elle dilapide la maison, néglige son mari, on jettera cette femme dans l'eau.

§ 144.

Si un homme a épousé une femme, et si cette
femme a donné à son mari une esclave qui a produit des enfants, si cet homme se dispose à
prendre une concubine, on n'(y) autorisera pas cet
homme, et il ne prendra pas une concubine.

§ 145.

Si un homme a pris une épouse et si elle ne lui
a pas donné d'enfants, et s'il se dispose à prendre
une concubine, il peut prendre une concubine, et

l'introduire dans sa maison. Il ne rendra pas cette concubine l'égale de l'épouse.

§ 146.

Si un homme a pris une épouse, et si celle-ci a donné à son mari une esclave qui lui procure des enfants ; si ensuite cette esclave rivalise avec sa maîtresse, parce qu'elle a donné des enfants, sa maîtresse ne peut plus la vendre ; elle lui fera une marque et la comptera parmi les esclaves.

§ 147.

Si elle n'a pas enfanté d'enfants, sa maîtresse peut la vendre.

§ 148.

Si un homme a pris une épouse et si une maladie (?) l'a contractée (*sic*), et s'il se dispose à en prendre une autre, il peut la prendre, mais il ne répudiera pas son épouse que la maladie (?) a contractée (*sic*) ; elle demeurera à domicile, et aussi longtemps qu'elle vivra, il la sustentera.

§ 149.

S'il ne plaît pas à cette femme de résider dans la maison de son mari, il lui restituera intégralement le trousseau qu'elle a apporté de chez son père, et elle s'en ira.

§ 150.

Si un homme a donné en cadeau à son épouse

champ, verger, maison, et lui a laissé une tablette ; après la mort de son mari, ses fils ne lui contesteront rien ; la mère après sa mort le donnera à l'un des enfants qu'elle préfère, mais elle ne le donnera pas à un frère.

§ 151.

Si une femme qui demeure dans la maison d'un homme, s'est fait promettre par son mari qu'elle ne serait pas saisie par ses créanciers, et s'est fait délivrer une tablette, si cet homme, dès avant d'épouser cette femme, est chargé de dettes, le créancier de la dette ne saisira pas son épouse ; et si cette femme, dès avant d'entrer chez cet homme, est chargée de dettes, le créancier de la dette ne saisira pas son mari.

§ 152.

Si, depuis que cette femme est entrée dans la maison de l'homme, une dette les obère, ils payeront le négociant tous deux.

§ 153.

Si l'épouse d'un homme, en vue d'un autre mâle, a fait tuer son mari, on mettra cette femme à la potence.

§ 154.

Si un homme a eu commerce avec sa fille, on chassera cet homme du lieu.

§ 155.

Si un homme a choisi une fiancée pour son fils, et si celui-ci l'a connue, si le père lui-même ensuite est surpris à coucher dans son sein, on liera cet homme et on la jettera dans l'eau.

§ 156.

Si un homme a choisi une fiancée pour son fils, et si son fils ne l'a pas encore connue, et si lui-même a dormi dans son sein, il lui payera une demi-mine d'argent, et lui rendra intégralement tout ce qu'elle a apporté de chez son père, et elle épousera qui elle voudra.

§ 157.

Si un homme a dormi, après son père, dans le sein de sa mère, on les brûlera tous deux.

§ 158.

Si un homme, à la suite de son père, est surpris dans le sein de celle qui l'a élevé, et qui a eu des enfants (de ce père), cet homme sera arraché de la maison paternelle.

§ 159.

Si un homme a fait apporter du mobilier dans la maison de son beau-père, a donné la dot, s'il tourne les yeux vers une autre femme, et dit à son beau-père : je n'épouserai pas ta fille, le père de la fille gardera tout ce qui lui a été apporté.

§ 160.

Si un homme a fait porter du mobilier dans la maison de son beau-père, a donné la dot, et si le père de la fille dit : je ne te donnerai pas ma fille, il égalera et rendra tout ce qui lui a été apporté.

§ 161.

Si un homme a fait porter du mobilier chez son beau-père, a donné la dot, et si un sien ami le calomniant, le beau-père dit au mari : « tu n'épouseras pas ma fille » ; il égalera et rendra tout ce qui lui a été apporté ; et cet ami (du mari) ne pourra prendre son épouse.

§ 162.

Si un homme a pris une épouse, et si elle lui a donné des enfants, si cette femme meurt, son père ne réclamera rien de son trousseau : le trousseau de l'épouse est à ses enfants.

§ 163.

Si un homme a pris une épouse et si elle ne lui a pas donné d'enfants, si cette femme meurt, si le beau-père a rendu la dot que cet homme a apporté chez son beau-père, son mari ne réclamera rien du trousseau de cette femme ; son trousseau est à la maison paternelle.

§ 164.

Si son beau-père ne lui a pas rendu la dot, il déduira toute la dot de la femme de sur son trousseau, et il rendra (ensuite) le trousseau à la maison du père de la femme.

§ 165.

Si un homme a donné en cadeau à l'un de ses fils, le premier de son regard, champ, verger, maison, et lui a donné une tablette, si ensuite le père meurt, quand les frères partageront, ce fils gardera le cadeau que le père lui a donné, et de plus, pour la fortune mobilière on partagera à parts égales.

§ 166.

Si un homme a pris épouse pour les fils qu'il a, à l'exception de l'un d'eux en bas âge, quand le père mourra, et que les frères partageront la fortune mobilière de la maison paternelle, ils donneront à leur frère en bas âge qui n'a pas encore pris une épouse, en outre de sa portion, de l'argent pour une dot, et ils lui feront prendre une épouse.

§ 167.

Si un homme a pris une épouse, et si elle lui a donné des enfants, quand cette femme mourra, si, après elle, il prend une autre épouse qui lui donne aussi des enfants; quand le père mourra, les fils ne partageront pas selon les mères (en deux) : ils prendront le trousseau de leur mère (chaque groupe celui de la sienne); mais ils (tous) partageront à parts égales la fortune mobilière de la maison paternelle.

§ 168.

Si un homme s'est proposé de renier (*litt.* arracher) son enfant et a dit au juge : je renie mon enfant, le juge examinera le fond de sa pensée et si l'enfant n'a pas à charge un crime grave passible d'être privé de la filiation, le père ne peut l'arracher de la filiation.

§ 169.

S'il a à charge un crime grave contre son père, passible de cette privation, pour une fois, celui-ci détournera la face; si c'est pour la seconde fois qu'il a à charge un crime grave, le père peut arracher son fils de la filiation.

§ 170.

Si une épouse a donné des enfants à un homme, et si une esclave de cet homme lui a aussi donné des enfants, si, de son vivant, le père a dit aux enfants que l'esclave lui a donné : « vous êtes mes enfants », et les a comptés parmi les enfants de l'épouse, si ensuite le père meurt, les enfants de l'épouse et les enfants de l'esclave partageront à parts égales la fortune mobilière de la maison paternelle : les enfants qui sont les enfants de l'épouse choisiront dans le partage et prendront.

§ 171.

Si le père de son vivant n'a pas dit aux enfants que l'esclave lui a enfantés : « vous êtes mes enfants », quand le père mourra, les enfants de l'esclave ne partageront pas la fortune mobilière de la maison paternelle avec les enfants de l'épouse. Il effectue l'affranchissement de l'esclave et de ses enfants ; les enfants de l'épouse ne peuvent revendiquer pour la servitude les enfants de l'esclave ; quant à l'épouse, elle prendra son trousseau et le don que son mari lui a donné et lui a marqué sur tablette, et elle restera dans la maison de son mari ; tant qu'elle vivra, elle en jouira, mais ne pourra les aliéner pour argent ; après elle, ils sont à ses enfants.

§ 172.

Si son mari ne lui a pas donné un don, on lui rendra intégralement son trousseau, et elle prendra sur la fortune mobilière de la maison du mari, une part d'enfant. Si ses enfants la forcent à sortir de la maison, le juge examinera ses raisons, et si la faute est sur les enfants, cette femme ne s'en ira pas de la maison de son mari. Si cette femme est disposée à s'en aller, elle laissera à ses enfants le don que son mari lui a donné, elle prendra le trousseau qui vient de la maison de son père, et épousera qui elle voudra.

§ 173.

Si cette femme, là où elle est entrée, donne des enfants à son deuxième mari, et si ensuite elle meurt, les enfants antérieurs et postérieurs se partageront son trousseau.

§ 174.

Si elle n'a pas donné d'enfants au deuxième mari, les enfants du premier époux prendront son trousseau.

§ 175.

Si un esclave du palais ou un esclave de *mouch-kinou* a épousé une fille d'homme libre et a enfanté des enfants, le propriétaire de l'esclave ne peut élever de revendication sur les enfants d'une fille d'homme libre, pour la servitude.

§ 176.

Et si l'esclave du palais ou l'esclave d'un *mouch-kinou* a épousé une fille d'homme libre, et si elle est entrée dans la maison de l'esclave du palais ou de l'esclave d'un *mouchkinou*, avec un trousseau venant de la maison de son père, et si depuis qu'ils sont ensemble, ils se sont établis, ont acquis de l'avoir, — si ensuite l'esclave du noble ou l'esclave du *muśkinu* meurt, la fille d'homme libre prendra son trousseau, et de tout ce que son mari et elle, depuis qu'ils étaient ensemble, ont acquis, on fera deux parts. Le propriétaire de l'esclave prendra une moitié, la fille d'homme libre prendra l'autre moitié pour ses enfants. Si la fille d'homme libre n'avait pas de trousseau, on partagera en deux parts ce que son mari et elle ont acquis, depuis qu'ils étaient ensemble, et le propriétaire de l'esclave prendra une moitié, la fille d'homme libre prendra l'autre moitié, pour ses enfants.

§ 177.

Si une veuve dont les enfants sont en bas âge, se propose d'entrer dans une autre maison, elle n'entrera pas sans le juge; quand elle entrera dans une autre maison le juge recherchera ce qui reste de la maison du premier mari, et on confiera à son second mari et à cette femme, la maison de son premier mari, et on leur fera délivrer une tablette; ils garderont la maison et élèveront les petits et ne vendront aucun ustensile. L'acheteur qui acquerrait un ustensile d'enfants de veuve sera frustré de son argent. L'objet retourne à son maître.

§ 178.

Si son père a donné à une prêtresse ou à une femme publique un trousseau, et gravé une tablette, si sur la tablette qu'il lui a gravée, il n'y a pas gravé qu'elle pourrait donner à qui bon lui semble ce qu'elle laisserait après elle, ni ne l'a laissée suivre le vœu de son cœur, quand ensuite le père mourra, les frères (de la femme) prendront les champ et verger, et selon la valeur de sa portion, lui donneront blé, huile, laine, et contenteront son cœur; si ses frères ne lui donnent pas blé, huile, laine selon la valeur de sa portion, et ne contentent pas son cœur, elle donnera ses champ et jardin à un fermier qui lui plaira, et son fermier la sustentera : elle jouira de tout ce que son père lui avait donné, tant qu'elle vivra; mais ne peut le vendre ni payer un autre par ce moyen; sa part d'enfant appartient à ses frères.

§ 179.

Si son père a donné à une prêtresse ou une femme publique un trousseau, et gravé une tablette et si sur cette tablette qu'il lui a gravée, il a gravé, qu'elle donnerait à qui elle voudrait, ce qu'elle laisserait après elle, et l'a laissé suivre le vœu de son cœur, quand ensuite le père mourra, elle donnera à qui lui plaira ce qu'elle laissera ; ses frères ne lui contesteront rien.

§ 180.

Si son père n'a pas donné de trousseau à sa fille recluse ou femme publique, quand ensuite le père mourra, elle participera une part d'enfant sur la fortune mobilière de la maison paternelle et en jouira tant qu'elle vivra; après elle, cela revient à ses frères.

§ 181.

Si un père a voué à Dieu une hiérodule ou une vierge (?) et ne lui a pas donné de trousseau, quand ensuite le père mourra, elle participera un tiers de part d'enfant sur la fortune mobilière de la maison paternelle, et elle en jouira tant qu'elle vivra; après elle, cela revient à ses frères.

§ 182.

Si son père n'a pas donné de trousseau à sa fille, prêtresse de Marduk à Babylone, ni lui a gravé une tablette, quand ensuite le père sera mort, elle participera, avec ses frères, un tiers de part d'enfant, sur la fortune mobilière de la maison paternelle; elle ne gèrera pas de gestion (personnellement), et après elle, la prêtresse de Marduk le donnera à qui lui plaira.

§ 183.

Si un père a offert un trousseau à sa fille de concubine, et l'a donnée à un mari, lui a gravé une tablette, quand ensuite le père mourra, elle ne participera pas à la fortune mobilière de la maison paternelle.

§ 184.

Si un homme n'a pas offert de trousseau à sa fille de concubine ni ne l'a donnée à un mari, quand ensuite le père mourra, ses frères lui offriront un trousseau, selon la fortune de la maison paternelle, et la donneront à un mari.

§ 185.

Si un homme a pris un petit en adoption d'enfant, avec son propre nom, et l'a élevé, cet élève ne peut être réclamé.

§ 186.

Si un homme a adopté en filiation un petit, et si quand il l'a pris, il a violenté (?) ses père et mère, cet élève retournera chez son père.

§ 187.

Le fils d'un favori, familier du palais, ou le fils d'une femme publique ne peut être réclamé.

§ 188.

Si un artisan a pris un enfant pour l'élever et lui a appris son métier, il ne peut être réclamé.

§ 189.

S'il ne lui a pas appris son métier, cet élève peut retourner chez son père.

§ 190.

Si un homme qui a pris un petit en adoption et l'a élevé, ne l'a pas compté avec ses propres enfants, cet élève retournera chez son père.

§ 191.

Si un homme qui a pris un petit en adoption et l'a élevé, fonde une famille et ensuite a des enfants, et s'il se dispose à renier (arracher) l'adopté, cet enfant n'ira pas son chemin; le père qui l'a élevé lui donnera un tiers de part d'enfant sur sa fortune mobilière, et alors il s'en ira. Des champ, verger et maison, il ne lui donnera rien.

§ 192.

Si un enfant de favori ou un enfant de femme publique dit à son père qui l'a élevé ou à sa mère qui l'a élevée : « tu n'es pas mon père, tu n'es pas mère », on lui coupera la langue.

§ 193.

Si le fils d'un favori ou le fils d'une femme publique a connu la maison de son père, et a dédaigné le père qui l'a élevé et la mère qui l'a élevé, et s'en est allé à la maison de son père, on lui arrachera les yeux.

§ 194.

Si un homme a donné son fils à une nourrice, et

si ce fils est mort entre les mains de cette nourrice, si la nourrice nourrit un autre enfant, sans
(la permission de) son père et de sa mère, on la
fera comparaître, et pour avoir nourri un autre enfant, sans (la permission de) son père et de sa
mère, on lui coupera les seins.

§ 195.

Si un fils a frappé son père, on lui coupera les
mains.

§ 196.

Si un homme a crevé l'œil d'un homme libre,
on lui crèvera un œil.

§ 197.

S'il a été brisé un membre d'un homme libre,
on lui brisera un membre.

§ 198.

S'il a crevé l'œil d'un *mouchkinou*, ou brisé le
membre d'un *mouchkinou*, il payera une mine d'argent.

§ 199.

S'il a crevé l'œil d'un esclave d'homme libre ou
brisé un membre d'un esclave d'homme libre, il
payera la moitié de son prix.

§ 200.

Si un homme a fait tomber les dents d'un homme

de même condition que lui, on fera tomber ses dents.

§ 201.

S'il a fait tomber les dents d'un *mouchkinou*, il payera un tiers de mine d'argent.

§ 202.

Si un homme a frappé le cerveau d'un homme de condition supérieure à lui, il sera frappé en public de 60 coups de nerf de bœuf.

§ 203.

Si un homme a frappé le cerveau d'un homme de même condition, il payera une mine d'argent.

§ 204.

S'il a frappé le cerveau d'un *mouchkinou*, il payera dix sicles d'argent.

§ 205.

S'il a frappé le cerveau d'un esclave d'homme libre, on lui coupera l'oreille.

§ 206.

Si un homme a frappé un autre homme dans une dispute, et lui a causé une plaie, cet homme jurera : « je ne l'ai pas fait sciemment », et il payera le médecin.

§ 207.

Si l'autre meurt de ses coups, il jurera encore, et

s'il s'agit d'un fils d'homme libre, il payera une demi-mine d'argent.

§ 208.

Et s'il s'agit d'un fils de *mouchkinou*, il payera un tiers de mine d'argent.

§ 209.

Si un homme a frappé une fille d'homme libre et a fait tomber son intérieur (avorter), il payera, pour son fruit, dix sicles d'argent.

§ 210.

Si cette femme meurt, on tuera la fille (de l'agresseur).

§ 211.

S'il s'agit d'une fille de *mouchkinou* dont il a fait tomber par ses coups l'intérieur, il payera cinq sicles d'argent.

§ 212.

Si cette femme meurt, il payera une demi-mine d'argent.

§ 213.

S'il a frappé l'esclave d'un homme libre et a fait tomber son intérieur, il payera deux sicles d'argent.

§ 214.

Si cette esclave meurt, il payera un tiers de mine d'argent.

§ 215.

Si un médecin a traité un homme d'une plaie grave avec le poinçon de bronze, et guéri l'homme, s'il a ouvert la taie d'un homme avec le poinçon de bronze, et a guéri l'œil de l'homme, il recevra dix sicles d'argent.

§ 216.

S'il s'agit d'un *mouchkinou*, il recevra cinq sicles d'argent.

§ 217.

S'il s'agit d'un esclave d'homme libre, le maître de l'esclave donnera au médecin deux sicles d'argent.

§ 218.

Si un médecin a traité un homme libre d'une plaie grave, avec le poinçon de bronze, et a fait mourir l'homme, s'il a ouvert la taie de l'homme avec le poinçon de bronze, et a crevé l'œil de l'homme, on coupera ses mains.

§ 219.

Si un médecin a traité d'une plaie grave l'esclave d'un *mouchkinou*, avec le poinçon de bronze, et l'a tué, il rendra esclave pour esclave.

§ 220.

S'il a ouvert la taie avec le poinçon de bronze, et a crevé l'œil, il payera en argent la moitié de son prix.

§ 221.

Si un médecin a guéri le membre brisé d'un homme libre, et a fait revivre un viscère malade, le patient donnera au médecin cinq sicles d'argent.

§ 222.

Si c'est un fils de *mouchkinou*, il donnera trois sicles d'argent.

§ 223.

S'il s'agit d'un esclave d'homme libre, le maître de l'esclave donnera au médecin deux sicles d'argent.

§ 224.

Si le médecin des bœufs ou des ânes a traité d'une plaie grave un bœuf ou un âne, et l'a guéri, le maître du bœuf ou de l'âne donnera au médecin, pour son salaire, un sixième (de sicle ?) d'argent.

§ 225.

S'il a traité un bœuf ou un âne d'une plaie grave et causé sa mort, il donnera le quart de son prix au maître du bœuf ou de l'âne.

§ 226.

Si un chirurgien, à l'insu du maître de l'esclave, a imprimé une marque d'esclave inaliénable, on coupera les mains à ce chirurgien.

§ 227.

Si un homme a trompé un chirurgien, et si celui-ci a imprimé une marque d'esclave inaliénable, on tuera l'autre et on l'enterrera dans sa maison ; le chirurgien jurera : « je ne l'ai pas marqué sciemment », et il sera quitte.

§ 228.

Si un architecte a construit une maison pour un autre, et l'a menée à bonne fin, il lui donnera pour son cadeau deux sicles d'argent, par *sar* de superficie.

§ 229.

Si un architecte a construit pour un autre une maison, et n'a pas rendu solide son œuvre, si la maison construite s'est écroulée, et a tué le maître de la maison, cet architecte est passible de mort.

§ 230.

Si c'est le fils du maître de la maison qu'il a tué, on tuera le fils de cet architecte.

§ 231.

Si c'est l'esclave du maître de la maison qu'il a tué, il donnera esclave pour esclave au maître de la maison.

§ 232.

Si c'est la fortune mobilière qu'il a détruite, il

restituera tout ce qu'il a détruit, et parce qu'il n'a rendu solide la construction, et qu'elle s'est effondrée, il restaurera la maison ruinée, à ses propres frais.

§ 233.

Si un architecte a construit une maison pour quelqu'un, et n'a pas solidement basé son œuvre, si un mur tombe, cet architecte affermira ce mur, à ses propres frais.

§ 234.

Si un batelier a calfaté un vaisseau de 60 *gour* pour quelqu'un, il lui donnera deux sicles d'argent pour sa récompense.

§ 235.

Si un batelier a calfaté pour quelqu'un un vaisseau, et n'a pas rendu solide son travail, si cette même année il met en route ce vaisseau, et s'il éprouve une avarie, le batelier changera le vaisseau, le réparera à ses propres frais, et rendra le vaisseau réparé au maître du vaisseau.

§ 236.

Si un homme a donné en location son vaisseau à un batelier, et si le batelier conduit mal, et si le vaisseau coule, et s'il le perd, le batelier restituera un vaisseau au maître du vaisseau.

§ 237.

Si un homme a pris en location un batelier, et un

vaisseau et l'a frété de blé, laine, huile, datte ou toute autre denrée de fret, si ce batelier a conduit mal, et a fait sombrer le vaisseau, a perdu ce qu₁ s'y trouvait, il restituera le vaisseau qu'il a fait sombrer, et tout le contenu qu'il a perdu.

§ 238.

Si un batelier a coulé le vaisseau de quelqu'un et l'a renfloué, il payera la moitié de son prix en argent.

§ 239.

Si un homme a loué un batelier, il lui donnera par an, 6 *gour* de blé.

§ 240.

Si un bateau de course a abordé un bac de passeur, et l'a coulé, le maître du bateau coulé poursuivra devant Dieu tout ce qu'il a perdu sur le bateau, et celui du bateau de course qui a coulé le bac, restituera le bateau et tout ce qui y a péri.

§ 241.

Si un homme a contraint le bœuf (d'un autre) au travail forcé, il payera un tiers de mine d'argent.

§ 242.

Si un homme (le) prend à bail pour un an ; prix de location du bœuf de labour : quatre *gour* de blé ;

§ 243.

prix de location du bœuf de somme (?) : il donnera trois *gour* de blé au propriétaire.

§ 244.

Si un homme a loué un bœuf ou un âne, et si dans les champs, un lion l'a tué, c'est pour son maître (qu'il est tué).

§ 245.

Si un homme a loué un bœuf, et si par de mauvais soins ou par des coups, il l'a fait mourir, il rendra bœuf pour bœuf au maître du bœuf.

§ 246.

Si un homme a loué un bœuf, a brisé son pied, ou bien a coupé sa nuque, il rendra bœuf pour bœuf au maître du bœuf.

§ 247.

Si un homme a loué un bœuf et a crevé son œil, il donnera au maître du bœuf, la moitié de sa valeur en argent.

§ 248.

Si un homme a loué un bœuf, a brisé sa corne, coupé sa queue, ou a tranché le dessus du museau, il donnera le quart de sa valeur en argent.

§ 249.

Si un homme a loué un bœuf, et si Dieu (un accident) l'a frappé et s'il est mort, celui qui l'a pris en location en jurera par le nom de Dieu, et il sera quitte.

§ 250.

Si un bœuf furieux dans sa course a poussé (des cornes) un homme et l'a tué, cette cause ne comporte pas de réclamation.

§ 251.

Si le bœuf d'un homme, coup de corne pour coup de corne, lui a fait connaître son vice et s'il n'a pas rogné ses cornes ni entravé son bœuf, si ce bœuf a poussé de la corne un fils d'homme libre et l'a tué, il payera une demi-mine d'argent.

§ 252.

Si c'est un esclave d'homme libre, il donnera un tiers de mine d'argent.

§ 253.

Si un homme a loué un autre pour demeurer sur son champ et lui a ....., lui a confié les bœufs et l'a engagé pour labourer le champ; si cet homme a volé du grain ou des plants, et si cela est pris entre ses mains, on lui coupera les mains.

§ 254.

S'il a pris le ..., a épuisé les bœufs, il restituera la quantité de blé qu'il a ensemencé.

§ 255.

S'il a donné en location le bœuf d'autrui, et a volé de la graine, et n'a pas fait produire le champ, on fera comparaître cet homme, et par 100 *gan* il mesurera 60 *gour* de blé.

§ 256.

Si son district (?) ne veut pas faire la restitution, on le laissera sur le champ, parmi le bétail.

§ 257.

Si un homme a loué un travailleur des champs (?), il lui donnera par an 8 *gour* de blé.

§ 258.

Si un homme a loué un bouvier, il lui donnera 6 *gour* de blé par an.

§ 259.

Si un homme a volé une roue d'arrosage dans les champs, il donnera cinq sicles d'argent au maître de la machine.

§ 260.

S'il a volé une *chadouf*[1] ou une charrue, il donnera trois sicles d'argent.

§ 261.

Si un homme a loué un pâtre pour bœufs et moutons, il lui donnera, par an, 8 *gour* de blé.

1. Autre machine d'irrigation.

§ 262.

Si un homme a..... un bœuf ou mouton, pour.....
....

§ 263.

S'il a perdu bœuf ou mouton qui lui sont confiés il rendra à leur propriétaire bœuf pour bœuf, mouton pour mouton.

§ 264.

Si le pâtre a qui ont été confiés bœufs et moutons à paître, a reçu tout son salaire convenu, et si son cœur est content, s'il a fait diminuer les bœufs et s'il a fait décroître le nombre des moutons, et restreint la reproduction, il livrera petits et revenus, selon les conventions.

§ 265.

Si le pâtre à qui ont été confiés bœufs et moutons à paître, a prévariqué, a falsifié l'état (du troupeau) et a vendu, on le citera en justice et il restituera au propriétaire dix fois ce qu'il a volé de bœufs et moutons.

§ 266.

S'il s'est produit un dégât dans l'étable, par un accident, ou si le lion a tué, le berger se disculpera devant Dieu, et le maître de l'étable supportera la ruine de l'étable.

§ 267.

Si le pâtre est en faute, et si dans l'étable il a causé une brèche, le pâtre remettra en bon état et rendra à leur propriétaire le trou de la brèche (réparé), bœufs et moutons.

§ 268.

Si un homme a loué un bœuf pour fouler, son prix de location est de 20 *qa* de blé.

§ 269.

S'il a loué un âne pour fouler, son prix de location est de 10 *qa* de blé.

§ 270.

S'il a loué un ânon ou bouvillon, son prix de location est de 1 *qa* de blé.

§ 271.

Si un homme a loué des bœufs, le chariot et le conducteur, il donnera, par jour, 180 *qa* de blé.

§ 272.

Si un homme a loué le chariot seul, il donnera, par jour, 40 *qa* de blé.

§ 273.

Si un homme a loué un journalier, il donnera par jour six *chè* d'argent depuis le commencement de l'année jusqu'au cinquième mois; depuis le sixième mois jusqu'à la fin de l'année, il donnera cinq *chè* d'argent par jour.

§ 274.

Si quelqu'un a loué un artisan :
le salaire du ..... est de cinq *chè* d'argent,
le salaire du briquetier(?) est de cinq *chè* d'argent,
le salaire du tailleur d'habits(?) est de cinq *chè* d'argent,
le salaire du tailleur de pierres (?) est de ..... d'argent,
le salaire du ..... est de ... . d'argent,
le salaire du ..... est de ..... d'argent,
le salaire du charpentier est de quatre *chè* d'argent,
le salaire du ..... est de quatre *chè* d'argent.
le salaire du ..... est de ..... *chè* d'argent,
le salaire du maçon est de ..... d'argent,
par jour il donnera.

§ 275.

Si un homme a loué (un bac), son prix de location est de trois *chè* d'argent par jour.

§ 276.

Si c'est un bateau de course, il donnera par jour deux *chè* et demi d'argent, pour la location.

§ 277.

Si un homme a loué un bateau de 60 *gour*, il donnera, pour la location, un sixième de sicle par jour.

§ 278.

Si un homme a acheté un esclave mâle ou femelle, et si avant d'achever un mois, une infirmité (paralysie) l'afflige, il le rendra à son vendeur, et l'acheteur reprendra l'argent qu'il a payé.

§ 279.

Si un homme a acheté un esclave mâle ou femelle, et s'il y a réclamation, son vendeur fera droit à la réclamation.

§ 280.

Si un homme a acheté en pays étranger l'esclave mâle ou femelle de quelqu'un, s'il vient dans le pays (propre), et si le maître de l'esclave mâle ou femelle reconnaît son esclave mâle ou femelle, si ces esclaves mâle ou femelle sont des indigènes, sans argent il leur accordera l'affranchissement.

§ 281.

S'ils sont étrangers, l'acheteur jurera devant Dieu qu'il les a payés, le maître de l'esclave mâle ou femelle rendra l'argent qu'il a versé au négociant, et recouvrera son esclave mâle ou femelle.

§ 282.

Si un esclave dit à son maître : tu n'es pas mon maître, il le convaincra en justice comme étant son esclave, et son maître lui coupera l'oreille.

Décrets d'équité, que Hammourabi, le roi puissant, a statués !

NOTES

§ 1.

En prenant certaines expressions au figuré, Winckler traduit :

Si un homme a incriminé un autre, et sur lui a jeté le reproche de maléfice, et ne l'a pas prouvé, celui qui a incriminé est passible de mort.

§ 2.

Si un homme a reproché à un autre homme un sortilège, et ne l'a pas prouvé, etc...

Si ces deux paragraphes n'ont en vue, formellement parlant, que l'*imputation de crimes graves*, pourquoi le législateur a-t-il exemplifié si imparfaitement ? L'homicide, le viol, etc., ne sont-ils pas crimes graves ? et tel sortilège n'est-il pas chose légère, comparé à l'homicide ? Ce qu'on veut atteindre ici, c'est plutôt l'emploi immoral de forces magiques. Notons cependant que dans le § 131 le « mot-lier » a bien le sens de « incriminer » ; mais on comprend que là où il est question de magie, on doive lui donner son sens technique. De même pour l'expression « jeter un sort, un maléfice » qui est employée ici techniquement, et ne peut signifier « reprocher un sort, un maléfice ».

§ 3.

Si quelqu'un se lève dans un jugement pour un témoignage à charge, et ne peut prouver ce qu'il a dit, s'il s'agit, etc... (Winckler).

§ 4.

Si quelqu'un se lève pour un témoignage (de cette sorte, dans une affaire) de blé ou d'argent, il portera, etc... (Id.).

Cette version du § 3 est séduisante et je l'adopte. Mais l'objection viendrait du § 4, où, pour la sauver, il faut recourir à l'ellipse.

Littéralement il y a :

Si quelqu'un sort pour un témoignage (de) blé ou argent, il portera, etc.

§ 5.

Si un juge conduit un procès, et tranche une décision, et rédige par écrit le jugement; si ensuite ce procès se trouve fautif, et si ce juge qui l'a [conduit est convaincu d'être la cause du vice, il payera douze fois l'amende fixée dans ce procès contre qui contesterait, et on le renversera de son siège, etc... (Winckler).

A ce prix, où trouvera-t-on des juges en Babylonie? La suspicion contre le juge se comprend, au contraire, si de lui-même il défait sa sentence. Le sens passif ou réflexe du verbe « casser, infirmer » n'est d'ailleurs pas documenté, dans la forme où nous le rencontrerions ici.

§ 6.

Le *trésor* du temple comprend tout ce qui appartient au temple, sauf les biens allégués au § 8, bœuf, mouton, âne, porc, bateau et analogues. Le même mot, dans la famille, exprime ce qui n'est ni jardin, ni champ, ni maison.

§ 8.

Mouchkînou est le nom d'une classe mal définie de citoyens privilégiés dans leurs biens, comme on le voit ici; non dans leur personne, au contraire; voir les lois « coups et blessures ». Johns croit qu'il s'agit du pauvre, Winckler, d'une sorte d'affranchi, et Fr. Martin, d'un homme-lige ou serf.

§ 33.

Winckler pense qu'il est question d'officiers supérieurs qui se soustraient eux-mêmes au service du roi.

§ 101.

D. H. Muller traduit dans ce code, le mot : « égaler en quantité », par « doubler » (?). Dans ce § 101, il n'y a pas de *délin-quant*. Pourquoi doubler la somme que le commis doit au négociant?

§ 102.

Winckler traduit : si un négociant a prêté à un commis de l'argent *pour des entreprises...* (?)

§ 126.

D. H. Muller a le mieux saisi le sens de ce paragraphe, sauf pour le mot *uštašanama* (voir notre § 101). En tout cas, contre Winckler, *le serment décisoire* est ici hors de cause. L'article dit bien « aller devant Dieu, ou en justice », nullement « jurer par le nom de Dieu ». Ainsi entendu, il serait du reste mal placé en cet endroit.

§ 150 (fin.)

De quel frère veut-on parler? Des propres frères de la femme, ou des frères du fils avantagé? Cf. §§ 178 à 181 (fin).

§ 138.

La *dot* est dans ce code, à la manière orientale, l'argent que le fiancé donne, comme prix d'achat de sa femme, au beau-père.

Le *trousseau* (ou littéral. *cadeau*) est ce que le père de la femme donne à la femme, soit que dans ce trousseau, il y ait retour de la dot ou non. D'après § 164, le trousseau était censé pouvoir valoir la dot, et plus.

§ 280.

Winckler traduit ici le mot « affranchissement » par « remise en condition première ». Et, en effet, cet esclave retourne sans doute à son premier maître. Ce n'est donc qu'une relaxation improprement dite.

INDEX

—

B

C

F

J

L

M

N

O

P

R

U

V

TABLE DES MATIÈRES

ANGERS, IMP. BURDIN ET Cie, 4, RUE GARNIER.

J. DE MORGAN

NOTES SUR LES CARRIÈRES ANTIQUES
DE PTOLÉMAIS.

In-4, planches. . . . . 3 fr.

NOTE SUR
L'USAGE DU SYSTÈME PONDÉRAL ASSYRIEN
DANS L'ARMÉNIE RUSSE A L'ÉPOQUE PRÉHISTORIQUE

In-8 . . . . 1 fr.

LES NÉCROPOLES PRÉHISTORIQUES
DU NORD DE LA PERSE

In-8, figures . . . . 1 fr.

LES NÉCROPOLES PRÉHISTORIQUES
DE L'ARMÉNIE RUSSE

In-8, figures . . . . 1 fr. 50

FOUILLES A SUSE (1897-1898)

In-8, planche. . . . . 2 fr.

COMPTE RENDU SOMMAIRE
DES TRAVAUX ARCHÉOLOGIQUES DE LA DÉLÉGATION
FRANÇAISE EN PERSE
Exécutés du 3 novembre 1897 au 1er juin 1898

In-18, héliogravure et plan . . . . 5 fr.

P. SCHEIL

TOMBEAUX THÉBAINS

Un volume in-4, planches noires et en couleur. . . . . . 40 fr.

DEUX TRAITÉS DE PHILON
Publiés d'après un papyrus du vie siècle, trouvé à Louxor.

In-4, 4 planches. 16 fr.

CHOIX DE TEXTES RELIGIEUX ASSYRIENS

In-8 . . . . 1 fr. 50